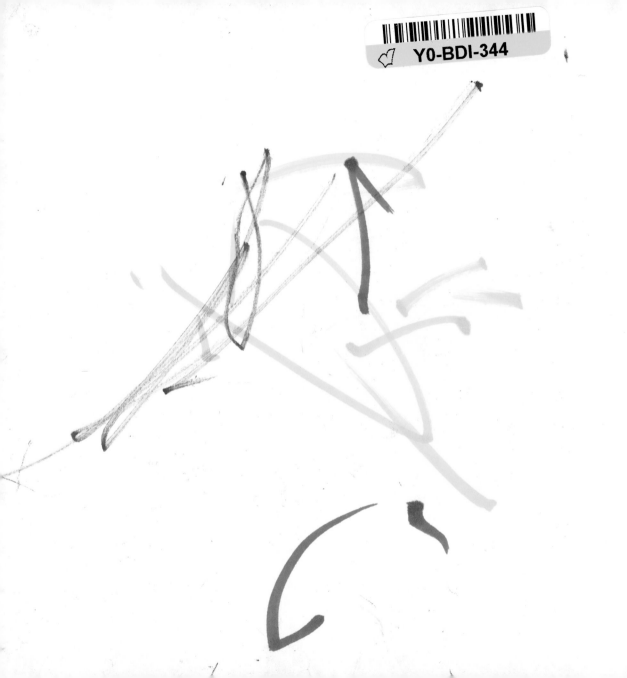

JONAS SALK

GRANDES INVENTORES
DISCOVER THE LIFE OF AN INVENTOR

Don McLeese

Rourke Publishing LLC
Vero Beach, Florida 32964

www.rourkepublishing.com

PHOTO CREDITS: Cover, pgs 16, 21 ©Getty Images; Title, pgs 4, 13, 15, 18 from the Centers for Disease Control and Prevention; pg 7 from the Library of Congress; pgs 8, 10 ©New York City College

Title page: *Grupo de personas en San Antonio, Texas, en 1962, esperando para recibir la inyección contra la polio.*
Crowds in San Antonio, Texas, wait for their polio shots in 1962.

Library of Congress Cataloging-in-Publication Data

McLeese, Don.
  Jonas Salk / Don McLeese.
    p. cm. -- (Grandes inventores)
  Includes index.
  ISBN 1-59515-676-3 (hardcover)
  1. Salk, Jonas, 1914---Juvenile literature. 2. Virologists--United
States--Biography--Juvenile literature. 3. Poliomyelitis vaccine--Juvenile
literature. 4. Poliomyelitis--Vaccination--Juvenile literature. I. Title.
  QR31.S25M35 2006
  610'.92--dc22

Printed in the USA

Rourke Publishing
1-800-394-7055
www.rourkepublishing.com
sales@rourkepublishing.com
Post Office Box 3328, Vero Beach, FL 32964

TABLA DE CONTENIDO
TABLE OF CONTENTS

UNA ENFERMEDAD MORTAL

Es posible que nunca hayas conocido a alguien que padeció la **poliomielitis** o como es más conocida, la **polio**. Pero de seguro has oído hablar de ella. Durante las décadas de 1930 y 1940, muchas personas contrajeron esta **enfermedad**. Miles de niños comenzaron a tener poblemas para caminar y muchos niños murieron a causa de la polio. No fue hasta 1955 que el doctor Jonas Salk encontró una cura.

A DEADLY DISEASE

You probably don't know anyone who ever had **polio**. But you may have heard of the **disease**. In the 1930s and 1940s, many people caught it. Thousands of children had trouble walking because they had polio. Some even died from it. It wasn't until 1955 that a cure was found for polio. Its inventor was Dr. Jonas Salk.

Niños enfermos de polio recibiendo fisioterapia

Children with polio are given physical therapy.

DE PADRES RUSOS

Jonas Edward Salk nació el 28 de octubre de 1914. Su padre se llamaba Daniel y su madre Dolly. Sus padres habían venido a vivir a los Estados Unidos desde Rusia, con la esperanza de una vida mejor. Vivían en la ciudad de Nueva York, donde Jonas creció.

RUSSIAN PARENTS

Jonas Edward Salk was born on October 28, 1914. His father was named Daniel, and his mother was named Dolly. They had come from Russia to the United States, hoping for a better life. They lived in New York City. That is where Jonas grew up.

*Russian immigrants
arrive in New York City to
make their new homes*

*Emigrantes rusos se
establecen en la ciudad
de Nueva York*

UN BUEN ESTUDIANTE

Los padres de Jonas querían lo mejor para él y para sus dos hermanos menores y los enviaron a los mejores colegios posibles. A Jonas le gustaba la escuela y tenía muy buenas notas en todas las materias. ¡Estudiaba mucho y mientras la mayoría de los alumnos cursaba la escuela secundaria superior en cuatro años, a Jonas solamente le tomó tres!

A GOOD STUDENT

Jonas's parents wanted the best for him and his two younger brothers. They sent him to the best schools they could find. Jonas loved school and did very well in all his subjects. He studied very hard. Most students spend four years in high school, but Jonas finished in only three!

DE LEYES A MEDICINA

En el año 1929, después de terminar la escuela secundaria superior, Jonas comenzó a estudiar en el *City College* de Nueva York. Quería estudiar leyes y hacerse abogado. Pero, comenzó a interesarse por la **medicina**.

Salk pensó en hacerse médico para ayudar a los enfermos, pero luego decidió que era mucho mejor ayudar a encontrar la cura para las enfermedades y así, otros médicos podían usarlas y ayudar a sanar a las personas. Jonas comenzó a estudiar para hacerse un científico de la medicina.

FROM LAW TO MEDICINE

In 1929, after finishing high school, Jonas went to the City College of New York. He wanted to study law and become a lawyer. But, he became more interested in **medicine**.

Salk thought about becoming a doctor and helping patients. But he decided he could be an even bigger help by finding cures for diseases. Then other doctors could use these cures to make people well. So Jonas studied to become a medical scientist.

Jonas Salk recibe un diploma especial del City College en la ciudad de Nueva York.

Jonas Salk receives a special degree from City College in 1955.

INVESTIGANDO LA INFLUENZA

En 1934 terminó sus estudios y comenzó estudios de medicina en la Universidad de Nueva York. Antes de terminar la carrera, uno de sus profesores le pidió a Jonas que estudiara las causas de la **influenza** o **gripe**. Estudios recientes decían que la enfermedad era causada por un **virus**. Al igual que los gérmenes, los virus penetran en el cuerpo y pueden causar enfermedades.

Jonás detuvo sus estudios por un año y se dedicó a estudiar el virus de la influenza. Estas investigaciones lo ayudaron más adelante cuando se propuso encontrar una cura contra la polio.

STUDYING THE FLU

Before he had finished college, Jonas was asked by one of his teachers to study the **flu**. It had recently been learned that this illness was caused by a **virus**. Like a germ, a virus gets inside your body and can make you sick.

Jonas took a year off from college to study the flu virus. This study helped him when he later tried to find a cure for polio. He finished college in 1934 and then went to medical school at New York University.

A woman patient is given a flu shot by a nurse.

Paciente recibe una inyección contra la polio de manos de una enfermera.

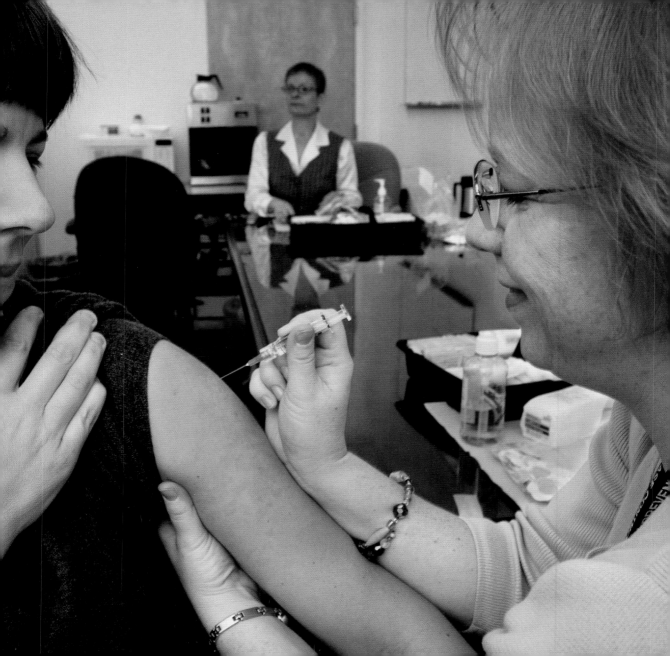

LA EPIDEMIA DE POLIOMIELITIS

Cuando un número grande de personas se enferma seriamente con la misma enfermedad, se dice que hay un **epidemia**. Quienes sufren de polio, con frecuencia no pueden mover los brazos o las piernas. A esto se le llama **parálisis**. Cuando Jonas Salk terminó la carrera de medicina, y se graduó de médico, la poliomielitis era la peor epidemia que azotaba al país.

THE POLIO EPIDEMIC

When many people get seriously sick from the same disease, it is called an **epidemic**. Some people with polio found it impossible to move their arms or legs. This is called **paralysis**. When Jonas Salk completed medical school and became a doctor of medicine, polio was the worst epidemic in the country.

A doctor examines a child stricken with polio-related paralysis.

14

Un doctor examina a un niño con una parálisis causada por la polio.

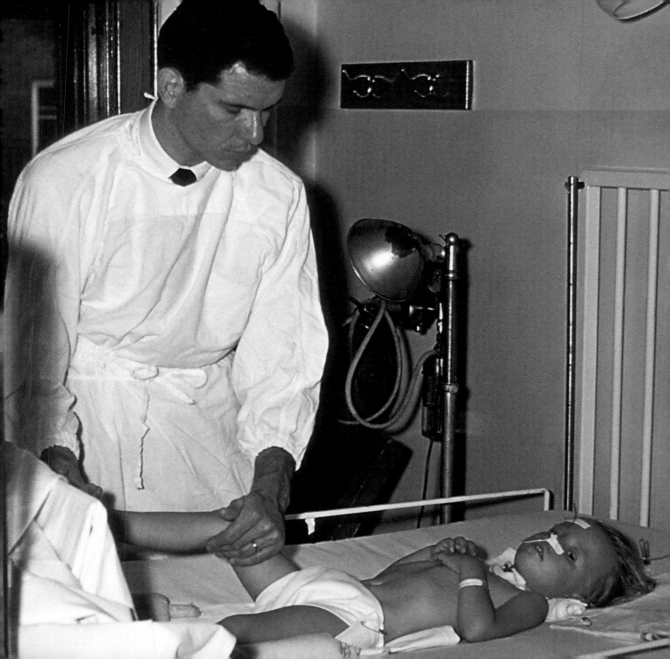

EN BUSCA DE UNA CURA

En el año 1947, el Dr. Jonas Salk fue a trabajar como científico médico a la Universidad de Pittsburgh. Allí, pasó cerca de ocho años investigando la polio y tratando de encontrar una cura, para lo que realizó muchos experimentos.

FINDING A CURE

In 1947, Dr. Jonas Salk went to work as a medical scientist at the University of Pittsburgh. He spent the next eight years studying polio and trying to cure it. He did many experiments.

Jonas Salk trabajando en su laboratorio

Jonas Salk at work in his laboratory

LA VACUNA DE SALK

Jonas Salk presentó una **vacuna** contra la polio en el año 1955. Consistía en una inyección que evitaba que la gente contrajera la enfermedad. Esta inyección llegó a ser conocida como la vacuna de Salk.

THE SALK VACCINE

In 1955, Jonas Salk introduced a **vaccine**. This was a shot of medicine that could keep people from getting polio. It became known as the "Salk vaccine."

La gente espera por la inyección contra la polio en Columbus, Georgia.

People wait in line in Columbus, Georgia, for their polio shots.

EL INSTITUTO SALK

La creación de la vacuna contra la polio hizo que la enfermedad prácticamente desapareciera. Los experimentos de Salk ayudaron a otros científicos a encontrar la cura para otras enfermedades. En el año 1963, fundó el Instituto Salk para estudiar otras enfermedades y encontrarles cura. Salk vivió otros 40 años después de su gran invento. Murió el 23 de junio de 1995.

THE SALK INSTITUTE

The invention of the Salk vaccine helped make polio very rare. Dr. Salk's experiments also helped scientists find cures for other diseases. In 1963, he started the Salk Institute to study diseases and other cures. He lived for another 40 years after inventing the polio vaccine. He died on June 23, 1995.

Salk (at right) examines a tray of bacteria.

Salk (a la derecha), examinando bacterias

FECHAS IMPORTANTES
IMPORTANT DATES TO REMEMBER

1914   Nace Jonas Salk.
Jonas Edward Salk is born.

1934   Jonas termina el City College y comienza la carrera de medicina en la Universidad de Nueva York.
Jonas finishes college and starts medical school at New York University.

1947   El Dr. Jonas Salk comienza investigaciones médicas sobre la polio en la Universidad de Pittsburg.
Dr. Jonas Salk starts medical research on polio at the University of Pittsburgh.

1955   Después de ocho años de experimentos, el Dr. Salk presenta la vacuna contra la polio.
After eight years of experiments, Dr. Salk introduces the polio vaccine.

1963   El Dr. Salk funda el Instituto Salk.
Dr. Salk starts the Salk Institute.

1995   Muere Jonas Salk.
Jonas Salk dies.

GLOSARIO / GLOSSARY

enfermedad — alteración de la salud
disease (diz EEZ) — a sickness

epidemia — enfermedad que afecta a muchas personas al mismo tiempo
epidemic (ep uh DEM ik) — when many people get sick from the same disease

influenza/gripe — enfermedad que produce fiebre, obstrucción nasal y dolor de estómago
flu (FLOO) — a disease that can make you feel stuffy and feverish and give you an upset stomach (short for "influenza")

medicina — ciencia para curar o precaver las enfermedades/sustancia para curar o aliviar las enfermedades
medicine (MED uh suhn) — pills or shots that help you recover from disease, or the study of sickness and getting better

parálisis — lo que se produce cuando no pueden moverse algunas partes del cuerpo
paralysis (puh RAL uh sus) — when you're unable to move part (or all) of your body

polio — enfermedad grave que afecta los músculos, la espina dorsal y el cerebro
polio (PO lee oh) — a dangerous disease that affects the muscles, spine, and brain

vacuna — medicina que previene una enfermedad
vaccine (VAK SEEN) — a medicine that keeps you from getting a disease

virus — organismo que causa enfermedades al entrar en el cuerpo humano
virus (VI rus) — something that gets inside the body and causes disease

23

ÍNDICE / INDEX

Lecturas recomendadas / Further Reading

Bankston, John. *Jonas Salk and the Polio Vaccine.* Mitchell Lane, 2002
Tocci, Salvatore. *Jonas Salk: Creator of the Polio Vaccine.* Enslow, 2003

Sitios en la red / Websites to Visit

http://www.achievement.org/autodoc/page/sal0bio-1
http://college.hmco.com/history/readerscomp/rcah/html/ah_076800_salkjonas.htm

Notas sobre el autor / About the Author

Don McLeese es profesor asociado de periodismo de la Universidad de Iowa. Ha ganado muchos premios como periodista y su trabajo ha sido publicado en numerosos periódicos y revistas. Ha escrito muchos libros para jóvenes lectores. Vive en West Des Moines, Iowa, con su esposa y sus dos hijas.

Don McLeese is an associate professor of journalism at the University of Iowa. He has won many awards for his journalism, and his work has appeared in numerous newspapers and magazines. He has written many books for young readers. He lives with his wife and two daughters in West Des Moines, Iowa.